ORAISON FUNÈBRE

DE

MADAME LA COMTESSE DE PLOUËR

PRONONCÉE LE 20 JANVIER 1876

DANS L'ÉGLISE DE PORCARO

PAR MONSEIGNEUR BÉCEL, ÉVÊQUE DE VANNES.

VANNES

IMPRIMERIE GALLES, RUE DE LA PRÉFECTURE.

———

1879.

ORAISON FUNÈBRE

DE MADAME LA COMTESSE DE PLOUËR

PRONONCÉE, LE 20 JANVIER 1876, DANS L'ÉGLISE DE PORCARO

PAR MONSEIGNEUR BÉCEL, ÉVÊQUE DE VANNES.

> *Dominus dedit, Dominus abstulit ; sicut*
> *Domino placuit, ita factum est ; sit nomen*
> *Domini benedictum !*
>
> Le Seigneur m'a donné, le Seigneur m'a
> ôté ; comme il a plu au Seigneur, ainsi il a
> été fait ; que le nom du Seigneur soit béni !
> (Job, I, 21.)

MES FRÈRES,

Pouvais-je choisir dans nos saintes Écritures une pensée
plus conforme à la douloureuse situation que la mort vous
a récemment faite, et qui convînt mieux à vos dispositions
présentes, au besoin de vos cœurs abattus, aux aspirations
de vos âmes en peine ? Oui, le Seigneur, dans ses desseins
miséricordieux, avait donné à ce petit coin de terre,
autrefois le plus déshérité de la contrée, une bienfaitrice
dévouée, intelligente, résolue. Comprenant vos nécessités
spirituelles et temporelles, elle entreprit d'y pourvoir,
malgré tous les obstacles qu'elle prévoyait devoir rencontrer.
Rien ne lui coûta pour y réussir : *Manum suam misit ad*

fortia (1). Elle savait, ce que tant d'autres ignorent, qu'*il y a temps pour parler et temps pour se taire* (2), et que *le mieux est souvent l'ennemi du bien*. Pleine de tact, de mesure et de fermeté, elle tirait, en temps et lieu, parti des hommes et des choses, *suaviter sed fortiter* (3). Si jamais votre paroisse pouvait méconnaître l'industrie et l'activité de son zèle, les murs de cette église les proclameraient. Jusqu'à votre nouvelle tour, attestant que la générosité est héréditaire dans cette honorable famille, vous reprocherait votre ingratitude.

Hélas! Mes Frères, le Seigneur qui vous avait confié ce trésor de bonté, vous l'a enlevé. Baisez avec amour et reconnaissance la main qui vous frappe. Dites sans défiance : « Il a été fait selon qu'il a plu au Seigneur : que le nom du Seigneur soit béni ! »

C'est ainsi que l'homme de douleurs, dont les tribulations sont rapportées dans l'Ancien Testament, répondait aux afflictions qui pleuvaient sur lui, comme la grêle dans un jour d'orage. Son exemple ne doit pas seulement enlever nos suffrages et notre admiration ; il faut qu'il serve à nous édifier. Nous aurons tour à tour nos croix et nos angoisses. Il n'est jamais trop tôt d'apprendre à souffrir et à mourir. N'est-il pas écrit : *L'homme né de la femme, vit peu de temps et il est rempli de misères* (4). — *Heureux ceux qui pleurent* (5)...! — *Heureux celui qui supporte vaillamment la tentation ; lorsqu'il aura été éprouvé, il recevra la couronne de vie* (6). — *Le royaume des cieux souffre violence* (7)... — *On n'y entre que par de nombreuses tri-*

---

(1) Prov., xxxi, 19. — (2) Eccl., iii, 7. — (3) Sag., viii, 1. — (4) Job., xiv, 1. — (5) S. Matth., v, 5. — (6) S. Jacques, i, 12. — (7) S. Matth., xi, 12.

bulations (1). — *Le Christ lui-même a dû souffrir pour entrer dans sa gloire* (2). Dieu éprouve ses élus dans le feu de l'adversité, comme l'homme épure l'or dans la fournaise.

Cette doctrine du renoncement et de la mortification fut courageusement mise en pratique, Mes Frères, par très bonne et très chrétienne Dame Ernestine-Marie LE GOBIEN, Comtesse DE LA HAYE DE PLOUËR. Je me propose de vous le montrer, en vous racontant, à grands traits et sans artifices de langage, ce que j'ai appris de sa vie et de sa mort. Ayant été privé de cette consolation au jour de ses obsèques, j'avais à cœur de m'en dédommager à ce service funèbre. Dieu me garde de flatter personne ! J'ai plutôt l'espoir de vous être utile à tous. La noble défunte vous parlera encore par ma voix : et cet écho d'outre-tombe me prêtera peut-être une éloquence qui ne m'est point naturelle. En tous cas, j'aurai atteint mon but, si je parviens à mettre sur des plaies vives, qui saigneront longtemps, le baume calmant de la résignation chrétienne, et à procurer, par votre fraternelle assistance, le repos éternel à ceux qui ne sont plus : aussi bien je n'entends point séparer dans nos regrets et nos prières ce que Dieu avait si tendrement uni.

---

(1) Act., XIV, 21. — (2) S. Luc, XXIV, 46.

I.

Ernestine-Marie Le Gobien naquit, le 25 mars 1806, à Saint-Malo. Les ruines qui entourèrent son berceau, lui présageaient trop fidèlement plus de peines que de joies. La tourmente révolutionnaire avait renversé le trône et l'autel. Des flots de sang — et du plus pur — avaient coulé. Le deuil avait élu domicile au sein de la plupart des familles illustres, dont les chefs étaient morts en exil ou sur l'échafaud. L'étoile du premier empire avait beau se lever radieuse, après cette époque lugubre marquée par des bouleversements inouïs et par des défections lamentables, elle ne rassurait pas entièrement. C'était une consolation insuffisante et sujette à caution.

Madame Le Gobien avait mangé, sur la terre étrangère pendant l'émigration, un pain souvent trempé de ses larmes. De son côté, son mari cherchait dans une navigation périlleuse gloire et fortune. Convaincus l'un et l'autre que le plus bel héritage qu'ils pouvaient laisser à leurs enfants, consisterait dans les fruits de l'éducation sérieusement chrétienne qu'ils se proposaient de leur faire donner, ils ne négligèrent rien pour atteindre ce but. Ah ! si tous les parents étaient animés de cet esprit et se laissaient diriger par la même sollicitude, comme tout changerait en mieux au foyer domestique ! quelle rénovation s'opérerait sensiblement dans la société !

La jeune Ernestine fut confiée, à Paris, à d'habiles maîtresses. Ses progrès furent rapides. Elle bénéficia, comme ses compagnes, de la sage et pieuse direction d'un prêtre selon le cœur de Dieu, dont le nom, chargé de mérites et de vertus, est venu jusqu'à nous. Nous voulons parler de feu M. Carron.

Le retour d'Ernestine à la maison paternelle fut pour elle et pour les siens un grand sujet de joie. Hélas! elle était destinée à tant souffrir, que Dieu ne tarda pas à lui présenter le calice où elle boirait, à longs traits, souvent réitérés, le fiel et le vinaigre d'une affliction peu commune. Et, comme si le Seigneur eût voulu l'accoutumer à en approcher généreusement ses lèvres, il le lui offrit coup sur coup, en lui enlevant, à court intervalle, son père et sa mère... Heureusement qu'elle avait appris de bonne heure à connaître, à aimer et à servir Celui qui devait remplir, de génération en génération, cette consolante promesse faite à ses premiers disciples : *Je ne vous laisserai point orphelins : je viendrai à vous* (1).

Mes Frères, sont-elles rares dans cet auditoire les personnes que la mort a douloureusement atteintes, en leur ravissant un père et une mère bien aimés? Heureux encore les fils et les filles qui n'ont pas perdu dès leur jeunesse ou même dès leur enfance les auteurs de leurs jours !

Ernestine Le Gobien ne jouit pas de ce bonheur. Elle fut sans doute recueillie avec un affectueux intérêt par ses grands parents, qui ne lui ménagèrent pas plus qu'à ses sœurs une bienveillante compassion. Elle n'en était pas moins orpheline. Son malheur lui paraissait d'autant plus grand, que son droit d'ainesse lui imposait des devoirs dont elle voulut s'acquitter. Aussi fut-elle pour ses sœurs cadettes une compagne non moins utile qu'agréable.

---

(1) S. Jean, xiv, 18.

Passons rapidement, Mes Frères, sur ces vicissitudes diverses, qui pourraient nous fournir ample matière à d'édifiantes réflexions. La pieuse jeune fille en prit occasion de faire une sorte de noviciat bien pénible, qui devait lui devenir profitable. Laissons venir celui qui était destiné à la conduire vers vous.

Un gentilhomme de la contrée, qui avait servi la France avec honneur et dévouement, le Vicomte Victor de la Haye de Plouër, officier distingué de notre marine, fit demander à la jeune orpheline sa main et son cœur. Comment eût-il subi un refus, lui si méritant déjà, l'homme de devoir, d'une physionomie sympathique et pleine de loyauté? Ces deux natures délicates étaient faites pour se comprendre, s'estimer et s'aimer. Si je ne me trompe, elles se complétaient à merveille. Oui, il me semble que Mademoiselle Le Gobien devait être pour M. le Vicomte de Plouër *l'épouse prudente donnée proprement par le Seigneur* (1).

« Pourquoi, dit Bossuet, donnée proprement par le Seigneur, puisque c'est le Seigneur, qui donne tout? et quel est ce merveilleux avantage qui mérite d'être attribué d'une façon si particulière à la divine bonté? Il ne faut, pour l'entendre, que considérer ce que peut dans les maisons la prudence tempérée d'une femme sage, pour la soutenir, pour y faire fleurir, dans la piété, la véritable sagesse, et pour calmer des passions violentes qu'une résistance emportée ne ferait qu'aigrir (2). »

L'alliance fut résolue. Dieu et les hommes bénirent cette union, qui se contracta sous les meilleurs auspices. Ce

---

(1) Prov., XIX, 14.

(2) Bossuet, oraison funèbre de Marie-Thérèse d'Autriche.

n'était point une assurance contre l'adversité. Hélas! la jeune épouse, devenue mère, n'enfanta pas seulement dans la douleur son fils premier-né. Elle le disputa vainement à la mort, qui l'arracha cruellement du sein qui l'avait nourri. Comment peindre la désolation du père et de la mère de cet enfant chéri, objet de si légitimes espérances? *Ils furent pénétrés de douleur, comme on l'est à la mort d'un fils aîné* (1). Oh! qu'il dût leur en coûter de prononcer avec soumission ces paroles que nous retrouverons souvent sur les lèvres de celle que nous pleurons aujourd'hui : *Le Seigneur me l'avait donné; il me l'a ôté. Il a été fait selon le bon plaisir du Seigneur : que le nom du Seigneur soit béni* (2) !

Rien n'arrive, Mes Frères, sans l'ordre ou la permission de Dieu. Il est, d'ailleurs, le maître de la vie et de la mort. Tenant tout de lui, nous devons reconnaître son souverain domaine sur nous et sur tout ce qui nous touche. Il faut donc que nous prenions notre parti de toutes les peines qui viennent fondre sur nous. Celui qui sait tirer le bien du mal, trouve notre gain où nous voyons notre perte. Tant il est vrai de reconnaître, avec l'Apôtre, que *tout tourne à bien pour qui aime Dieu* (3).

Toujours est-il que les évènements s'enchaînent les uns aux autres sous une direction souveraine et providentielle. Plus d'une fois, le malheur a conduit dans la solitude des cœurs brisés que le bruit du monde importunait.

Quels motifs portèrent M. le Vte de Plouër à s'éloigner, avec sa compagne, *du joli lieu de sa naissance?* Je l'ignore.

---

(1) Zach., xii, 10. — (2) Job, i, 21. — (3) S. Paul aux Rom., viii, 28.

Dieu les dirigea vers vous, comme malgré eux. En l'an de grâce 1836, ils acquirent de la famille de Sagazan le vieux manoir de Porcaro et ses dépendances. La jeune châtelaine ne dissimula point la répugnance qu'elle éprouvait à ce changement d'existence si complet sous tous les rapports. Rien ne l'attirait humainement. Elle vint ici par raison ; elle y est restée par devoir, avec une constance et une fidélité qui faisaient à la fois son éloge et votre bonheur. Du moment qu'elle eut élu domicile au milieu de vous, elle prit grand intérêt aux personnes et aux choses de la localité ; et, comme il y avait tout à faire, elle se sentit stimulée et, ainsi qu'elle aimait à le redire, *poussée à l'action*. Elle ne tarda pas à mettre la main à l'œuvre.

Il faut étudier sur place et voir de près les besoins, les mœurs et coutumes, les tendances bonnes et mauvaises d'une population pour lui être vraiment utile et se l'attacher par des liens trop relâchés de nos jours. Aussi bien l'absentéisme est un mauvais calcul, quand il ne dégénère pas en faute grave, dont les conséquences tournent au préjudice des propriétaires, grands et petits.

Monsieur et Madame de Plouër n'eurent jamais ce reproche à se faire. C'est pourquoi les relations qui s'établirent entre eux et vous, paraissaient si naturelles et se sont perpétuées jusqu'à ce jour, pour se transmettre à leurs enfants et aux vôtres.

Dans quel misérable état, Mes Frères, ils trouvèrent cette campagne, en apparence inhabitable ! Isolement presqu'absolu ! communications très difficiles ! terres incultes ! château délabré ! A bien dire, disette de ressources pour l'âme comme pour le corps ! Cette peinture n'a rien d'exagéré. Les aînés d'entre vous sont là pour en rendre témoignage.

La difficulté de la vie matérielle préoccupait moins les nouveaux venus que l'abandon spirituel dont vous souffriez tous. Le zèle du Clergé de la paroisse, dont le clocher était éloigné de deux lieues, ne pouvait suffire aux nécessités les plus impérieuses de votre frairie, perdue dans les terres et dans les landes. Un des vicaires de Guer venait vous dire la messe le dimanche. C'était tout. Après avoir entendu quelques confessions et catéchisé à la hâte les enfants, il vous quittait pour huit jours. Les habitants de Porcaro vivaient ainsi d'une foi traditionnelle, trop peu éclairée et manquant de cette flamme salutaire qui a besoin du grand air de la dévotion. Souvent, hélas! le ministre de la religion n'arrivait pas à temps pour les assister à leurs derniers moments.

Ce triste spectacle émut le cœur sensible et pieux de la jeune châtelaine. Il nous faut un pasteur plus immédiat, se dit-elle. Nous l'aurons, s'il plaît à Dieu de bénir mon entreprise. Elle commença les démarches qu'exigeait un pareil projet. Combien de temps dura cette négociation délicate? Quelques-uns de mes auditeurs pourraient m'en instruire. Toutefois, vous avez ignoré les diverses péripéties où s'engagea votre charitable auxiliatrice, les contradictions qu'elle dut subir, de la part même des autorités de ce temps-là. Rien ne la déconcerta. Étendre le règne de Dieu et faciliter la sanctification de vos âmes, tel était son but. Elle y tendit avec une persévérance au-dessus de tout éloge et qui fut couronnée d'un plein succès.

Plus de trente ans se sont écoulés depuis lors. Il m'en souvient, Mes Frères : Beignon ne tarda pas à connaître votre joie. Un des vicaires de ma paroisse natale fut choisi pour premier recteur de Porcaro. C'est à cette disposition de la divine Providence que je dus de connaître M. le Vte, Mme la V^tesse de Plouër et leurs enfants. Par suite de la nomination de M. Noël, vicaire à Beignon, au rectorat de Porcaro, il s'établit entre ces deux paroisses voisines une sorte d'affinité spirituelle, qui me valut au château, pendant mes études ecclésiastiques, l'accueil obligeant que je n'ai point oublié. C'est aussi une raison de mon attachement particulier pour vous. En avançant dans la vie, on aime à se rappeler les lieux visités et les personnes fréquentées autrefois, lorsque ces visites et ces fréquentations n'ont laissé dans l'esprit et le cœur que de bonnes impressions.

Mes Frères, votre paroisse était érigée. Elle possédait son pasteur. Il lui manquait une église.

Elle est encore debout, à quelques pas d'ici, à peu près dans le même état extérieur, la pauvre chapelle où se célébraient alors les saints offices. Vous y accouriez en foule. Comment parveniez-vous à vous y entasser ? Rien que votre foi n'était capable de vous y conduire ; et, certes, vous prouvez par votre attitude combien vous méritiez l'intérêt qui vous était prodigué. Cependant ce local, insuffisant et malsain pour vous, était surtout indigne du Dieu que vous y adoriez. Vous aspiriez tous à une amélioration dont vos bienfaiteurs calculaient le prix, sans pouvoir le fixer d'après leur libéralité.

La construction d'une église fut décidée en principe. On ne fit pas vainement appel à la paroisse entière. Chacun voulut apporter sa pierre à la Maison de Dieu. Il me semble encore vous voir tous travailler de concert.

M. de Plouër et M. Noël parcouraient vos villages pour quêter en argent et en nature les ressources qu'exigeait l'érection de cet édifice. De retour au chantier, pour se délasser de leurs fatigues, ils se complaisaient à encourager les ouvriers, qui manquaient d'initiative et d'activité. Les évènements prouvèrent ensuite que la probité de l'entrepreneur n'était pas hors de doute. Si sa conscience s'était montrée plus scrupuleuse, les réparations faites et à faire dans cette église n'eussent pas été nécessaires.

La bénédiction de la première pierre fut pour la paroisse un jour de fête, qui vous remplit d'une nouvelle ardeur. La parole éloquente d'un prêtre du diocèse de Rennes (1) produisit chez vous l'effet d'une bonne semence tombée dans une terre bien préparée. Les travaux reprenaieut activement le lendemain. Ils ne se poursuivirent pas sans difficultés. Néanmoins, ils touchaient à leur terme, et l'on parlait d'établir le culte dans votre église. A tous égards, votre impatience était trop légitime. Il vous était bien permis de vous féliciter d'avoir mis la dernière main à cet édifice et de soupirer après son inauguration solennelle.

O mon Dieu ! que vos desseins sont impénétrables ! Il vous plut de répondre par un coup de foudre à la jubilation d'un peuple qui avait déployé pour vous un zèle admirable, sous la conduite de celui qui ne devait pas jouir du fruit de ses travaux.

Un jour, le 25 août 1848, le bruit se répandit de village en village que M. de Plouër était mort. Plein de santé quelques heures auparavant, il avait quitté sa demeure,

---

(1) M. l'abbé Maréchal, vicaire à Paimpont.

en y laissant le bonheur et la paix. La fatale nouvelle y fut apportée. Jugez de la consternation de la mère et des enfants devenues veuve et orphelines en moins de temps que je n'en mets à vous le dire. Voyez-vous cette femme , muette de douleur, courant éperdue, vers le lieu de cet affreux évènement. Dieu seul pouvait lui donner la force de parcourir, sans tomber anéantie, cette voie douloureuse jusqu'à la cruelle station marquée depuis d'une petite croix de pierre. O la poignante découverte ! Ce corps inanimé pouvait-il être celui de son époux bien-aimé ? Inutile de chercher à tromper sa douleur ! Elle couvre de ses baisers et de ses larmes ce visage défiguré et couvert de sang. Ah ! si du moins ces yeux éteints lui donnaient un dernier regard ! La mort les a fermés pour toujours. Ce cœur si chaud ne battait plus.... C'était fini ! Il ne restait que l'enveloppe à demi broyée d'une âme immortelle que le souverain Juge des vivants et des morts avait inopinément rappelée à lui. Quel moment ! quel sacrifice ! comment dire, en pareille extrémité : *Le Seigneur me l'avait donné : le Seigneur me l'a ôté : que le nom du Seigneur soit béni* (1) *!*

Madame de Plouër fut forte jusqu'à la fin. L'ensevelissement devait suivre la descente de croix. Elle eut ce courage, comme autrefois la Mère de douleurs. Elle aussi trouva parmi vous de saintes femmes, des hommes compatissants, qui lui vinrent en aide pour les derniers devoirs qu'elle voulut rendre à son mari. Que dis-je ! Mes Frères ! tous les habitants de Porcaro, partageant sa trop juste affliction, lui témoignèrent une religieuse condoléance, qui la soutint dans ce terrible combat de la nature contre la grâce. Son

---

(1) **Job**, i, 21.

cher défunt avait assurément mérité l'honneur fait à sa dépouille mortelle. Quelques-uns de vous s'en chargèrent avec un respectueux empressement et la déposèrent au pied de cet autel, tout près du banc de famille. Triste retour des choses d'ici-bas ! cette cérémonie funèbre qui s'accomplit au milieu d'un immense concours de parents et d'amis désolés mais soumis, fut la première célébrée dans cette enceinte. En même temps que le Maître prenait possession de sa Maison, il permettait d'y creuser le tombeau de son généreux serviteur. Lui seul sait toutes les prières que vous y avez faites depuis 27 ans. Vous les continuerez avec d'autant plus de ferveur, qu'elles auront désormais un double objet. Car le dernier vœu de votre bienfaitrice est accompli. Nous lui avions promis d'ouvrir, quand elle ne serait plus, ce tombeau, où elle s'était préparé une place. Elle a été obéie. Là reposeront, en attendant la résurrection de la chair, ces deux corps qui servirent d'organes à deux âmes vigoureusement trempées. Pourquoi ne leur appliquerions-nous pas ces paroles de la Sainte Écriture : *Aimables pendant leur vie, la mort même ne les a point séparés* (1) !

Mais ne devançons pas les évènements qui devaient marquer la dernière partie de l'existence, si bien remplie, de madame de Plouër. Il s'en fallait qu'elle eût bu tout son calice ! Il lui restait, d'ailleurs, beaucoup à faire, pour ses filles et pour vous.

---

(1) 2ᵉ l. des Rois, I, 23.

II.

Vous savez, Mes Frères, avec quelle soumission la veuve inconsolable envisagea son isolement et avec quelle dignité elle porta son deuil. La désolation n'abattit point son courage : elle stimula plutôt son zèle. N'ayant guère vécu que pour sa famille et pour son pays d'adoption, elle sentit qu'elle avait plus que jamais charge d'âmes au foyer domestique et au milieu de vous. C'était assurément un lourd fardeau. Elle compta sur la Providence et se mit résolument à ses ordres. Nous avons vu plus d'une fois dans ce canton l'esprit d'un époux animer efficacement l'épouse restée seule aux prises avec sa douleur et avec des travaux publics de surérogation.

Des dix enfants que Madame de Plouër avait mis au monde, il lui restait sept filles. La part de Dieu était donc déjà grande, d'autant que de ces trois petits anges, deux auraient pu perpétuer un nom sans tache et qui menaçait de s'éteindre. Hélas ! il faudra bien qu'elle se résigne encore à compter avec la tombe (1), sans parler du cloître....

A la tête de ce qu'elle appelait sa chère petite communauté, cette mère, vraiment supérieure, eu égard à toutes les qualités d'esprit, de cœur et de caractère qui la distinguaient, comprit que la meilleure manière de doter ses filles, c'était de leur donner une éducation aussi complète

---

(1) Elle perdit, après son mari, son beau-frère, le Comte de Plouër, deux de ses gendres, deux de ses petits-fils, une fille et plusieurs autres proches parents.

que possible. Mais, comme le milieu où elle était destinée
à finir sa carrière, ne lui offrait pas les ressources nécessaires
en pareil cas, elle prit le sage parti d'envoyer successive-
ment ses petites compagnes dans un des meilleurs pension-
nats de Paris, au couvent des Oiseaux. Toutes ces sépara-
tions étaient pour elle autant de sacrifices..... Rien ne lui
coûta pour arriver au but où elle tendait et où elle parvint.
Ce n'est pas le lieu de faire inutilement l'éloge de personnes
dont vous avez appris à connaître les talents et les vertus.

Laissez-moi seulement, Mes Frères, protester, en passant,
contre la guerre déloyale faite de nos jours, avec autant
d'ingratitude que d'injustice, aux Maisons religieuses qui
ont mission d'élever l'esprit et le cœur des jeunes gens et
des jeunes filles par un enseignement chrétien qui ne
redoute à tous égards aucune comparaison. Vous savez,
du reste, à quoi vous en tenir, depuis qu'une école con-
gréganiste a été établie à Porcaro, grâce à la générosité
d'une femme de bien (1) dont Madame de Plouër seconda
et dirigea les intentions.

Madame de Plouër profita de ses relations avec les religieuses des Oiseaux pour faire honorer la mémoire d'une
pieuse fille, morte en odeur de sainteté, à Porcaro, le
17 mars 1769; elle procura les documents d'après lesquels
fut écrite imparfaitement, il est vrai, la vie très édifiante
de Madeleine Morice. Ce fut elle encore qui fit transporter
dans la nouvelle église, au pied de l'autel de la sainte
Vierge, le 8 mars 1849, les restes de l'humble servante de
Dieu dont vous avez entendu raconter la merveilleuse
légende.

____

(1) Mademoiselle Sophie Litou, de Nantes.

Les rustiques *ex-voto* déposés auprès de cette pierre
tombale témoignent de votre confiance. Il ne vous est pas
défendu de continuer ce pèlerinage traditionnel, vous gar-
dant de préjuger une cause qui ne sera peut-être jamais
introduite devant le tribunal infaillible de l'Église.

Sans oublier les intérêts divers qui se partageaient son
infatigable sollicitude, Madame de Plouër ne perdait point
de vue l'avenir de ses filles. Elle leur ménagea des
alliances dans les plus honorables familles de Bretagne.

Tous ces mariages ne devaient pas apporter à Madame
de Plouër une consolation durable.

Si quelqu'un pouvait s'étonner de ce langage, je lui
dirais : Mais comptez donc les veuves et les orphelins qui
entourèrent, pendant la dernière période de sa vie, cette
vénérable grand'mère, devenue le centre d'une famille
vraiment patriarcale. Dieu réservait une épreuve d'un autre
genre à ce cœur sensible et si souvent meurtri.

Une de ses filles, répondant à l'appel du céleste époux,
eut assez de fermeté pour briser soudainement les doux
liens qui la retenaient au foyer domestique : elle se déter-
mina à entrer au Carmel, malgré les supplications de sa
tendre mère et les regrets de ses sœurs bien-aimées. Ce
fut un coup terrible pour Madame de Plouër. La vérité
m'oblige à dire que, en cette circonstance, elle manqua
de courage. Elle ne comprit pas d'abord l'héroïsme de sa
chère Ernestine. La nature parla trop haut. Peu à peu la
grâce triompha de cette défaillance. Elle ne voulait après
tout que le bonheur de la pieuse transfuge. Or, il m'est
arrivé plus d'une fois de lui en donner l'assurance. Toujours
est-il que la paternité et la maternité ne prescrivent jamais

contre les droits de Dieu créateur. L'enfant peut et doit suivre sa voie et répondre à sa vocation, au risque de contrister des cœurs aimants et dévoués mais que la tendresse aveugle, quand l'intérêt personnel ne comprime pas leurs meilleurs mouvements.

Cependant il ne faut pas croire que Madame de Plouër méconnût l'utilité, la nécessité et la beauté des Ordres religieux dans le plan divin, et qu'elle fît bon marché du dévouement de ceux et de celles qui renoncent à tout pour se constituer les serviteurs et les servantes de leurs frères et de leurs sœurs en Jésus-Christ. Si les grilles et les verrous du Carmel lui paraissaient trop inaccessibles, elle appréciait à leur juste valeur les services de la Petite-Sœur des Pauvres et de l'humble Sœur classière, qui font dans nos villes et dans nos campagnes, aux dépens de leur santé, au mépris de tous leurs goûts, une rude guerre à la mendicité dégradante, à l'ignorance et à la paresse. La preuve, c'est qu'elle cherchait depuis longtemps les moyens de fonder à Porcaro une école mixte, désirant la confier à des religieuses assez détachées de toutes les jouissances humaines, pour venir se dépenser dans ce désert, relativement civilisé par ses soins et ses efforts. Il vous appartient, Mes Frères, de proclamer les résultats obtenus ici depuis quelques années, au point de vue de l'instruction chrétienne, dont doit se préoccuper quiconque a souci de la gloire de Dieu, de la sanctification du prochain, de l'honneur de l'Église et des intérêts bien compris de notre patrie.

C'est dans le même but d'évangélisation que Madame de Plouër voulut procurer au pasteur du troupeau dont vous faites partie, un auxiliaire qui pût l'aider particulièrement à instruire et à moraliser l'enfance et la jeunesse. Vous devez à ses instances et à ses démarches multipliées le vicariat comme le rectorat de Porcaro, la commune aussi bien que la paroisse. Pour arriver à ces fins, où elle voyait pour vous de si grands avantages, Madame de Plouër ne craignit pas d'encourir certaines disgrâces, qui devaient se dissiper bien vite dans son voisinage.

Tant de fatigues et des préoccupations si diverses usèrent insensiblement sa précieuse santé. Une infirmité dont elle souffrait depuis longtemps, prenait un caractère inquiétant. Les années s'accumulaient sur cette tête toujours perspicace et agissante : ses forces déclinaient de jour en jour. Ses enfants et ses amis ne se faisaient point illusion.

Vous savez mieux que moi, Mes Frères, que cette mère vénérée recevait les soins les plus empressés. Ses filles se disputaient la jouissance de l'assister de la façon la plus touchante dans ses moindres nécessités. Chacune s'appliquait à prévoir et même à prévenir tous ses désirs : c'était une admirable émulation. Cet intérieur présentait un spectacle, trop rare de nos jours, admiré de tous ceux qui avaient le bonheur d'en être les témoins privilégiés.

Les dernières années de Madame de Plouër devaient, comme les premières, être mélangées de quelques douceurs et des plus grandes amertumes.

Nous fûmes appelé à partager la joie que causa, dans cette famille si étroitement unie, le mariage d'une charmante jeune fille qui devait succomber l'année suivante à un mal foudroyant. Hélas! comme cette femme qui a laissé un nom dans les lettres françaises en raison de son inimitable correspondance, Madame de Plouër aurait pu écrire à sa fille : *J'ai mal à votre poitrine*. Aussi bien elle oubliait ses propres souffrances, qui s'aggravaient à vue d'œil et qu'elle supportait avec une patience angélique, pour ne penser qu'à sa chère malade, qu'elle savait menacée d'une mort prochaine. Ne pouvant lui porter secours, elle priait, pleurait, en disant : *Seigneur, si la chose est possible, que ce nouveau calice s'éloigne de moi! Cependant que votre volonte soit faite et non pas la mienne* (1)! D'ailleurs, disait-elle, je ne tarderai pas à aller rejoindre tous ceux que j'ai aimés sur la terre et qui m'ont précédée dans un monde meilleur...

En effet, Mes Frères, la tombe de la pauvre poitrinaire était à peine fermée, qu'il fallut songer à ouvrir celle de sa vénérable mère..... J'eus à cœur de porter quelques sympathiques encouragements à votre bienfaitrice pendant sa dernière maladie. Pourrais-je oublier jamais le jour où j'offris le saint sacrifice de la messe dans la chambre de la malade, en présence de ses enfants et de ses serviteurs! Comme ceux-ci restaient discrètement à la porte, dans le vestibule : « Entrez, leur dit-elle, mes amis; vous êtes de la maison. » Que cette affectueuse invitation dut toucher les cœurs auxquels elle s'adressait! J'en demeurai profondément ému. Notre Seigneur, qui voulut, comme à Béthanie, visiter et consoler de vrais amis, n'obligea point des ingrats. Il fut reçu dans cette antique demeure avec une foi vive, une charité ardente, une ferme espérance, un entier abandon à son bon plaisir. De douces larmes coulèrent de tous les yeux. Ce fut un spectacle inénarrable.

---

(1) S. Matt., xxvi, 39.

Cependant, Mes Frères, le mal progressait. La mort opérait lentement son œuvre de destruction. Chacun de vous soupirait, priait et *espérait contre toute espérance.* Les jours de votre bienfaitrice étaient comptés. Entourée de ses enfants et de ses petits-enfants, elle rendit sa belle âme à Dieu, le 18 décembre 1875.

Éloigné de ma ville épiscopale, lorsque ce malheur vint vous frapper, je fus empêché de vous apporter immédiatement l'expression de ma religieuse condoléance. Vous connaissiez mon attachement respectueux à celle que nous pleurons ensemble. Je me suis empressé d'accourir vers vous, désireux de payer mon tribut à sa mémoire.

Puissent mes faibles paroles adoucir la peine que vous éprouvez de cette perte irréparable ! Puissent les enfants et les petits-enfants de cette femme forte y trouver une consolation et un gage de mon amitié ! Aucune des leçons de leur vertueuse mère ne pouvait être perdue pour eux. Aussi m'ont-ils singulièrement édifié dans cette cruelle épreuve. Quelle scène attendrissante ! Représentez-vous les filles ensevelissant leur mère, la plaçant pieusement dans son cercueil, qu'elles arrosent de leurs larmes, et puis ensuite s'embrassant avec tendresse et se promettant de demeurer toujours unies. Quel contraste avec tant de familles au sein desquelles de misérables calculs d'intérêt sèment la discorde et la haine !

N'est-ce pas le lieu de s'écrier, avec le Roi-Prophète : *La race des justes sera comblée de bénédictions* (1).

Si mes vœux sont exaucés, la concorde, utile à tout, comme la piété, survivra dans votre paroisse à l'humble et

---

(1) Ps. cii, 2.

douce chrétienne qui en était l'âme. Lorsque vous entrerez ici, vous aimerez à prier pour les excellents châtelains qui vous comblèrent de tant de bienfaits. Le passé ne vous fait-il pas augurer favorablement de l'avenir? Le présent les relie merveilleusement comme par une chaine d'or consacrée à la consolidation de votre église (1). Et les anges gardiens de ce tombeau en appellent à l'Esprit saint pour nous rassurer sur le sort de ceux qui ne sont plus et pour nous exhorter à marcher sur leurs traces : *Heureux, s'écrient-ils, les morts qui meurent dans le Seigneur ! dès à présent ils se reposent de leurs travaux, car leurs œuvres les suivent* (2). Ce bonheur sera le nôtre, si, marquant toutes nos actions au coin de la résignation chrétienne, nous n'hésitons jamais à dire de bouche et de cœur : *Le Seigneur m'a donné, le Seigneur m'a ôté ; comme il a plu au Seigneur, ainsi il a été fait ; que le nom du Seigneur soit béni* (3) !

Et maintenant, bons habitants de Porcaro, si je m'oubliais à vous adresser cette demande de l'Esprit saint : *Qui trouvera une femme forte* (4)? Nous avons eu le bonheur, me répondriez-vous, d'en posséder une de cette valeur et de ce caractère. Vous venez de faire son portrait fidèle. Elle était aimée et vénérée de nous tous. Sa mémoire demeurera bénie de génération en génération. Nous constituerons une sorte de garde d'honneur autour de son tombeau, qui renferme aussi les restes de son digne époux. En y versant nos larmes avec nos prières, nous acquitterons la dette sacrée que nous avons contractée envers ces deux

---

(1) Madame la Comtesse de Chousy a fait presque tous les frais de la construction de la nouvelle tour et de la restauration d'une partie du transept.

(2) Apoc., xiv, 13. — (3) Job, i, 21. — (4) Prov., xxxi, 10.

bienfaiteurs, trop tôt ravis, l'un après l'autre, à nos besoins et à notre piété toute filiale. Dieu nous fasse la grâce de les retrouver, pour ne plus les perdre, au ciel, où leurs bonnes œuvres recevront leur juste récompense ! En attendant, nous reporterons sur leurs enfants chéris le respect, l'amour et la gratitude que nous avaient inspirés, à tant de titres, le père et la mère.

Mes Frères, aurais-je eu tort d'interpréter ainsi vos sentiments ? Ce témoignage touchant rendu par vous au mérite et à la vertu, ne justifie-t-il pas la quiétude d'une autre âme d'élite que vous avez aussi connue et aimée ? Ses pieux accents mettront fin à mon discours. Ils sont sortis, doux et fortifiants, du fond d'un cloître, où Sœur Anne de Jésus, qui se nommait dans le monde Ernestine de Plouër, victime volontaire et pure, s'immole tous les jours, par amour pour Dieu, par charité pour le prochain. *Absente de corps, elle est présente d'esprit* (1) à ce service commémoratif. Je lui cède la parole. Écoutez-la : « La vie de ma mère n'a pas seulement été utile mais sainte. Aussi nos regrets sont-ils paisibles comme une prière, et le souvenir de notre mère nous conduit à Dieu. » Ainsi soit-il !

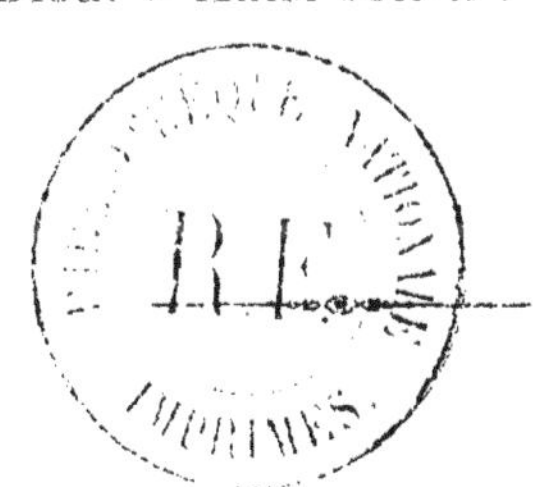

---

(1) I aux Cor., v, 3.